Gute Wünsche zur Konfirmation

für

von

Gott

beschützt mich.

Er macht mich stark.
Auf ihn hoffe ich.

Er hilft mir.

Er macht mich fröhlich.
Dafür danke ich ihm.

Nach Psalm 28,7

your faith
CAN
move
MOUN
TAINS
Matthew 17:20

Versuch es!

Einmal sagte ein Jugendlicher zu einem Pfarrer:
„Ich kann nicht an Gott glauben."
Der Pfarrer sah ihn an und fragte:
„Hast du es denn versucht?"
„Ja, ich habe es versucht."
„Ich meine, hast du es richtig versucht?"
„Wie meinen Sie das?"
„Ich meine, ob du es immer wieder versucht hast?"
„Nein, wozu?"

„Nun, Thomas Edison, der Erfinder der Glühbirne, musste ungefähr zehntausend Versuche machen, ehe er die Glühbirne zum Leuchten brachte. Stell dir vor, er hätte schon nach wenigen Versuchen aufgegeben."
„Dann säßen wir hier jetzt im Dunkeln."
„Siehst du?! Und genauso ist es mit dem Glauben – versuche Gott zu finden, und du wirst nicht mehr im Dunkeln sitzen!"

Irmgard Partmann

Sei
mit mir

Schenke mir
Kraft und Energie
Ausdauer und Lebenslust
Freude und Ernsthaftigkeit
Hilf mir
beim Suchen und Finden
im Trauern und Zweifeln
heute und immer
Sei mit mir
Mein guter Gott

Marcus C. Leitschuh/Peter Jansen

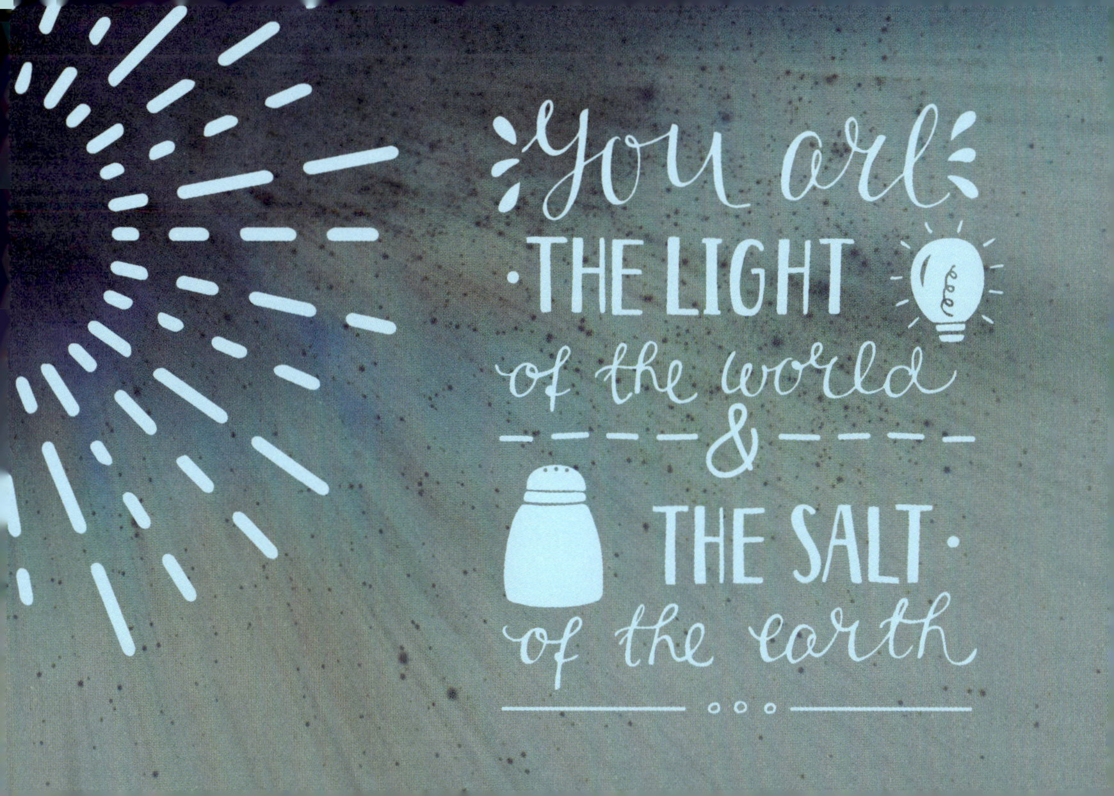
You are
THE LIGHT
of the world
&
THE SALT
of the earth

Glaube ist das Gefühl
einer tiefen Geborgenheit,
das Wissen um die letzte Zuflucht,
die Erfahrung eines unzerstörbaren Grundes.
Ich wünsche dir einen Glauben,
der über alle Zweifel siegt,
der Antworten auf deine Fragen gibt,
der dir immer eine Tür zur Zukunft offenhält.
Wer glaubt, lebt in der Erwartung,
dass noch etwas kommt.

Udo Hahn